AF562303

RAPPORT

SUR LES

OUVRAGES DE NUMISMATIQUE DE M. E. VANHENDE

PAR C. VERLY,

Membre de la Société impériale des Sciences, de l'Agriculture et des Arts de Lille, du Comité Flamand de France ; Correspondant des Sociétés savantes de Dunkerque, Boulogne-sur-Mer, Avesnes ; de sphragestique de Paris, Cherbourg, etc.

LILLE
IMPRIMERIE DE L. DANEL, GRAND'PLACE.

1861

Pl III.

Méreau de la Collégiale de St Pierre.

13

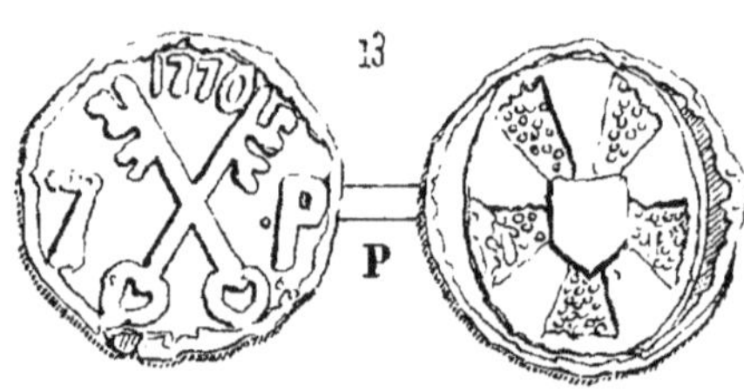

Louis de 12 livres 10 sols.

14

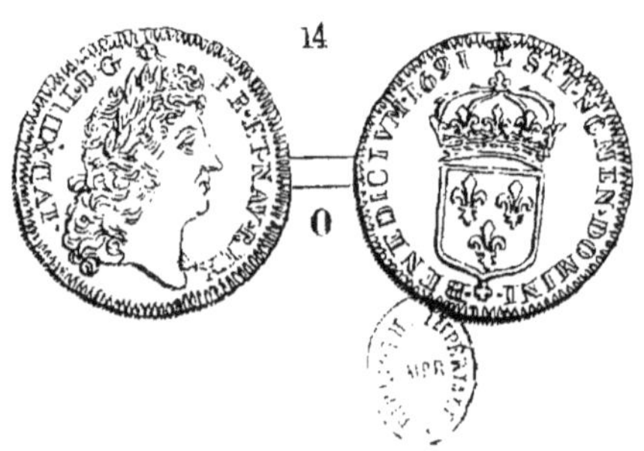

Louis surfrappé pour 14 livres.

15

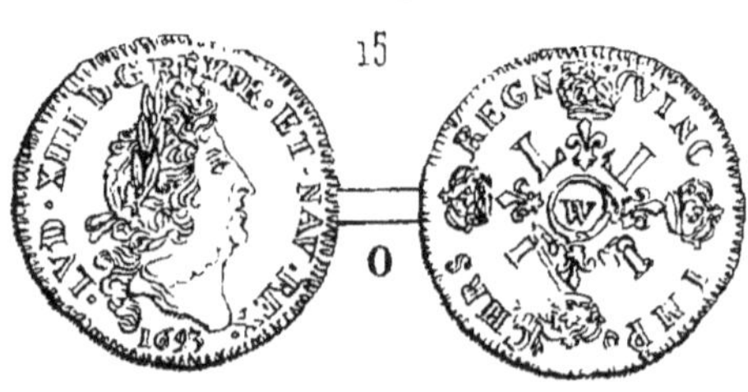

L. Danel, Lille.

Pl 11.

Pl. 1.

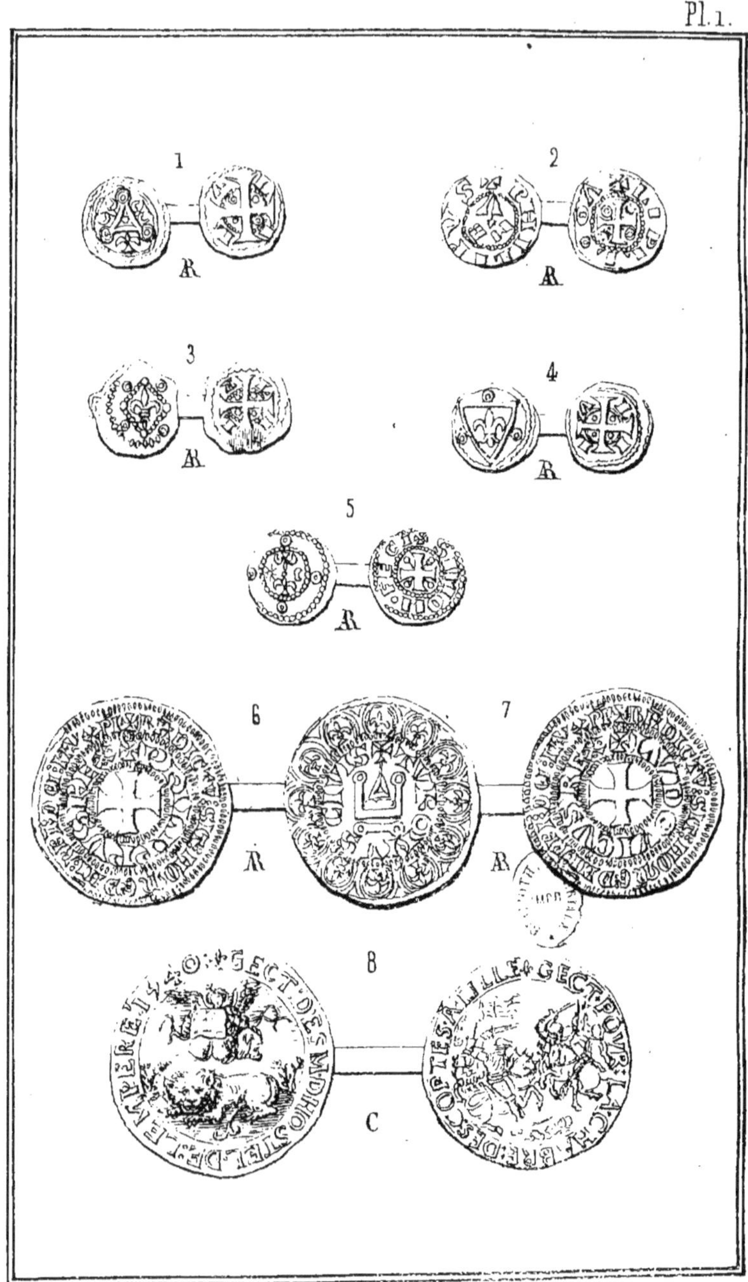

SOCIÉTÉ IMPÉRIALE DES SCIENCES, DE L'AGRICULTURE ET DES ARTS DE LILLE.

RAPPORT

SUR LES

OUVRAGES DE NUMISMATIQUE DE M. E. VAN HENDE,

Par C. VERLY, membre résidant

MESSIEURS,

J'ai l'honneur de rendre compte à la Société impériale des sciences, de l'agriculture et des arts de Lille, des œuvres numismatiques que lui a offertes M. EDOUARD VAN HENDE, chef d'institution à Lille.

Le premier des ouvrages de ce numismate consiste en une brochure ayant pour titre : *De quelques monnaies frappées à Lille, sous les comtes de Flandre*. M. Van Hende y décrit et revendique pour notre ville, en combattant une attribution hasardée par un amateur de la Picardie, cinq des premières monnaies frappées par les souverains particuliers de la province ; ce sont des mailles ou plutôt des deniers du XIIe siècle.

Les articles de cet opuscule sont, pour ainsi dire, des jalons jetés par l'auteur pour préparer la route à son important ouvrage, *la Numismatique lilloise*. Dans cet intéressant travail, M. Van Hende décrit une suite de soixante-douze mailles ou deniers frappés, les uns, sous les Baudouins et ayant pour types, à l'avers, un triangle terminé à chaque angle par un annelet, cantonné de trois lis et centré d'un globule ; revers à la légende L-I-L-A, au type de la croix longue cantonnée de deux annelets et de deux globules. Pl. 1, fig. 1 (1).

Les autres, frappés sous Philippe d'Alsace, ont à l'avers pour légende PHILIPUS, et pour inscription B-A-M, placés triangulairement ; au centre une étoile, et au revers : LIPLLOA entourant une croix courte cantonnée de deux annelets et de deux croissants aboutés de points ; dans la croix, un point. Pl. 1, f. 2 (2).

M. Van Hende regarde cette légende, LIPLLOA, et une autre LPILLOA, comme renfermant des lettres intercalées dans le mot LILLA. Il avait démontré, dans la Notice précédente, que des additions et intercalations semblables se sont produites, à la même époque, sur les deniers d'Ypres et d'Arras.

D'autres deniers ont aussi été frappés sous les comtesses Jeanne et Marguerite, avec lis au pied nourri, à l'écu losangé ou triangulaire, ainsi qu'ils se voient aux figures 3 et 4.

Le premier (3), ayant pour type un lis dans un losange cantonné de quatre annelets. *R*. L-I-L-A, croix longue et pattée, cantonnée de quatre globules.

Le second (4), fleur de lis dans un écu triangulaire, cantonné de trois annelets, revers semblable au précédent.

Puis viennent ceux au nom de Simon, ayant deux lis bout à bout, étoiles et croissants, plus quatre annelets dans la bordure (5).

***R*. SIMON FECI**, croix courte et pattée, cantonnée de deux globules et de deux glands. Pl. 1, f. 5.

---

(1) Numismatique lilloise, pl. 1, N° 10.
(2) Id., pl. 1, N° 17.
(3) Id., pl 3, N° 47.
(4) Id., pl. 3, N° 50.
(5) Id., pl 4, N° 55.

L'auteur, tout en reconnaissant l'insuffisance des documents historiques, s'appuie sur des rapprochements de type et de style, et sur l'opinion de plusieurs savants belges pour revendiquer l'attribution, depuis longtemps incertaine, des deniers du monétaire Simon.

M. Van Hende s'arrête ensuite aux règnes de Philippe-le-Bel et de Louis-le-Hutin, qui ont fait battre monnaie à Lille, en mentionnant la date de 1305, date mémorable pour nous, car elle ponctue dans l'histoire l'heure de la réunion de Lille à la France. Pl. 1, f. 6 et 7 (1).

Je dirai, en passant, que tout en faisant l'histoire des monnaies, en citant toutes les ordonnances royales qui y ont rapport, M. Van Hende nous apprend que, dans ces temps éloignés, l'on s'occupait déjà de les collectionner, et qu'en 1556, le savant Goltzius d'Anvers vint à Lille visiter le cabinet de l'érudit diplomate Auger de Bousbecque.

La Monnaie de Lille ne paraît pas avoir été en activité depuis Louis-le-Hutin jusqu'à Louis XIV, le restaurateur des monnaies. En compensation, la série des pièces frappées à Lille, pendant le règne du grand Roi, est considérable. La *Numismatique lilloise* en représente tous les types ; elle fait connaître les diverses marques distinctives adoptées pour l'atelier monétaire, et mentionne les variations apportées dans la valeur des monnaies, ainsi que les ordonnances royales qui indiquent ces nouvelles valeurs.

L'auteur passe alors à la Chambre des comptes de Lille, dont l'importance est une fois de plus constatée par une série de cent cinquante-trois jetons différents, commençant à Philippe-le-Hardi, duc de Bourgogne, créateur de cette Chambre, se continuant sous Jean-sans-Peur, Philippe-le-Bon, Charles-le-Téméraire, Marie de Bourgogne, Philippe-le-Beau, Charles-Quint, et finissant à Philippe II. Ces jetons, tout en portant des légendes relatives à la Chambre des comptes, attestent aussi, non seulement certains événements importants, tels que la

(1) Numismatique lilloise, pl. 4, Nos 73 et 73 bis.

répression de la révolte des Gantois sous Charles-Quint, pl. 1, f. 8 (1), la victoire remportée sur l'électeur de Saxe, Jean-Frédéric, pl. 2, f. 9 (2), la prise de Tunis, pl. 2, f. 10 (3), etc., mais encore le caractère empiétant ou despotique de certains souverains. Par exemple, Maximilien, tuteur de Philippe-le-Beau, fait graver autour de son buste et de ses armes : JETTOIERS:POUR:LE:CAMBRE:DES:CO' (comptes) DU:ROI:DES:RONMAINS:ESTANT:A:LIL'. Pl. 1, f. 11 (4). On se rappelle que les prétentions de Maximilien à la suzeraineté de la Flandre lui aliénèrent tellement l'esprit des Brugeois, qu'ils le retinrent prisonnier et le déclarèrent déchu de la tutelle de son fils.

Plus tard, un jeton de Philippe II porte au revers une épée en pal, entourée d'une corde à nœuds coulants, avec cette légende, tirée d'un poète latin : DISCITE JUSTITIAM MONITI (Connaissez ma justice à cet avertissement). Pl. 2, f. 12 (5).

M. Van Hende nous entretient aussi de l'histoire et des jetons du bureau des finances, des États de la Flandre Wallone, des États de Lille sous Philippe IV, Louis XIV, Louis XV et Louis XVI, de la Chancellerie de Flandre, de la Chambre de commerce de Lille, des associations diverses, des loges maçonniques et autres institutions jusqu'à nos jours.

La troisième partie de l'œuvre traite des médailles frappées en l'honneur de personnages remarquables, tels que Jean de la Gruthuse châtelain de Lille, le sire de Montigny chef des Malcontents, Jean Lautens conseiller et maître de la Chambre des comptes, etc. Des médailles commémoratives des siéges, du séjour des souverains à Lille, des monuments ou statues élevés à leur gloire, des médailles de sociétés savantes, etc.

La quatrième partie contient la description des méreaux du chapitre de Saint-Pierre, des pièces de fondations pieuses et charitables, de

(1) Numismatique lilloise, pl. 34, N° 302.
(2) Id., pl. 35, N° 311.
(3) Id., pl. 36, N° 327.
(4) Id., pl. 31, N° 270.
(5) Id., pl. 10, N° 370.

l'œuvre de Notre-Dame de la Treille, patronne de Lille, et de divers établissements de bienfaisance, des anciennes corporations, de quelques plombs commerciaux, etc.

Enfin, dans une troisième production, M. Van Hende parle de la découverte d'un méreau de la collégiale de Saint-Pierre, à Lille; ce méreau, en plomb, porte deux clefs en sautoir, pannetons adossés en chef; dans le champ, le chiffre 7 et la lettre P (sept patars), 1770; au revers, l'écu gironné de dix pièces à l'écu brochant sur le tout. M. Van Hende donne une explication de l'usage de ce méreau, que nous croyons unique.

Cette notice nous entretient aussi de la récente découverte d'une monnaie de Louis XIV, en or, de la valeur de 12 livres 10 sols, et d'une autre de 14 livres, avec descriptions et dessins. Pl. 3, f. 13, 14, 15. Ces trois pièces, trouvées en 1859, n'avaient pu être placées dans la *Numismatique lilloise*.

On comprendra facilement que, pour réunir autant de documents, M. Van Hende a dû se livrer à des recherches longues, minutieuses, incessantes; qu'il a dû visiter successivement et consciencieusement les cabinets publics et privés de France, d'Angleterre, de Belgique et de Hollande; mais je dois constater l'extrême importance de son meilleur ouvrage, *la Numismatique lilloise* qui, loin d'être une sèche et aride description, n'ayant d'intérêt que pour les numismates, est pour ainsi dire un dictionnaire d'histoire lilloise avec pièces justificatives. Elle offre ce grand avantage que les faits y sont prouvés matériellement, et jettent un nouveau jour sur plusieurs points de notre histoire locale.

Enfin, la clarté du plan, la correction du style et la rigueur des déductions, à peine déparées par quelques hardiesses d'attributions, inséparables d'un premier essai, ont mérité à l'auteur le suffrage de l'Académie des inscriptions et belles-lettres, et justifient l'accueil fait par les amateurs à *la Numismatique lilloise*, et l'autorité qu'on lui accorde dans le monde savant.

Lille-Imp. L. Danel.

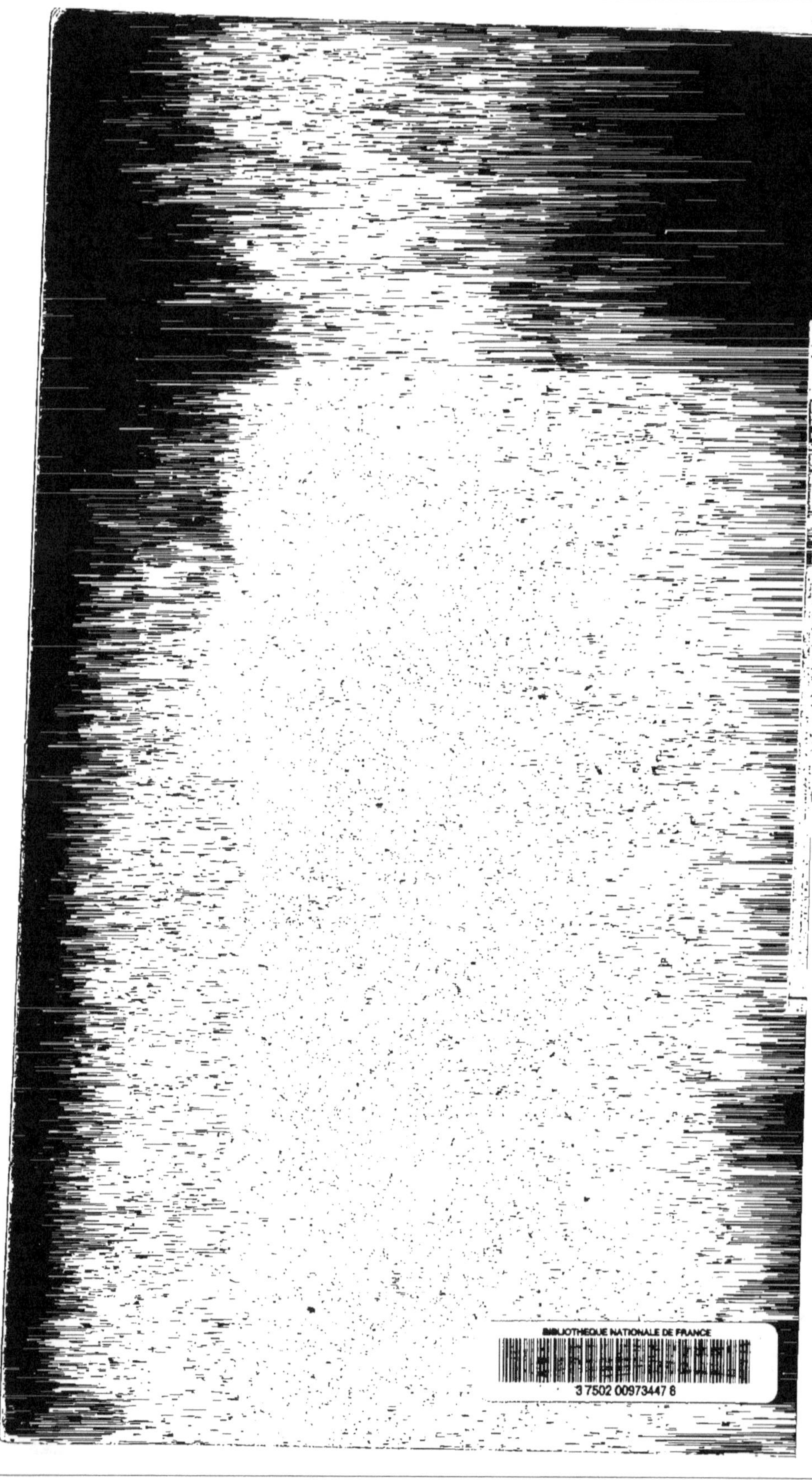

www.ingramcontent.com/pod-product-compliance
Lightning Source LLC
LaVergne TN
LVHW010311230826
846091LV00007B/3108

* 9 7 8 2 0 1 3 6 5 9 8 6 4 *